Maria Antonietta Taras

IL COORDINATORE INFERMIERISTICO:
L'IMPORTANZA DELLE COMPETENZE RELAZIONALI NEL LAVORO DI GRUPPO.

A Francesco, Davide ed Emanuele,
siete il mio universo

Al dr Giancarlo Tonolo, mio attuale direttore,
ti ringrazio profondamente per la fiducia, la
stima e la collaborazione creativa che da al-
cuni anni caratterizza il nostro sodalizio

Al dr Massimo Purpura, il primo direttore non
si scorda mai! Grazie per avermi sostenuta
ed incoraggiata nel corso degli anni, sei una
grande risorsa umanamente e
professionalmente

Al dr Maurizio Bacigalupi, con te la mia cono-
scenza si è elevata notevolmente, mi hai in-
segnato il rigore, la metodologia e
l'impegno, che a tutt'oggi mi guidano nella
mia professione

Alla dott.ssa Paola Tulli, per la tua competenza
e per la profonda amicizia, che un legame
professionale ha trasformato nel tempo, in-
sieme abbiamo vissuto anni proficui

Cover design: painting by Giancarlo Dea, without name.

First edition

ISBN: 978-1-71659-675-9

Library card
Author: Maria Antonietta Taras (1969)
Title: Il Coordinatore Infermieristico. L'importanza delle competenze relazionali nel lavoro di gruppo.
Keywords: Management, coordinamento, infermieristica, professioni sanitarie.

978-1-71659-675-9
Imprint: Lulu.com

INDICE

INTRODUZIONE

Ricordo ancora quando, durante un convegno sugli effetti della diagnosi a livello emotivo, un brillante ricercatore all'apice della carriera esordì dicendo: "Io sono un medico e pertanto mi occupo di curare il corpo, nessuno mi ha preparato ad occuparmi della persona, non è di mia competenza!". A tale affermazione ribattei con le seguenti parole: "Ma lei prima di essere medico non è forse una persona? È possibile che indossare un camice le abbia fatto dimenticare l'importanza del rapporto umano?". Spesso il trincerarsi e identificarsi in un ruolo, limita la portata umana del nostro agire e ci rende aridi nel rapportarci con l'altro.

Ho riportato questo episodio per evidenziare quanto l'identificazione in un ruolo possa interferire nel nostro modo di interagire e pensare.

Le dinamiche di un gruppo di lavoro, ove le persone non si sono scelte, in cui ci sono delle regole implicite ed esplicite, in cui differenti caratteristiche di personalità e professionalità convivono, possono essere di ostacolo per una buona interazione, diventando un facile terreno di scontro qualora prevalgano dinamiche mal gestite. Al contrario, se un gruppo è ben guidato, può rappresentare una risorsa in cui si può lavorare "accanto agli altri in maniera molto dinamica e diversificata"[1].

Se "la natura della leadership è propriamente relazionale, la sua qualità di fondo è nel mobilitare tutti coloro che sono coinvolti in questa relazione"[2], e l'alleanza positiva e creativa con l'altro ne costituisce il suo valore autentico.

Quali sono le caratteristiche di personalità che il leader deve possedere affinché in un gruppo di lavoro ci sia il giusto equilibrio?

Il presente lavoro è frutto di queste premesse, nasce dall'idea di fornire strumenti utili alla comprensione delle relazioni interpersonali, con particolare focus sulla gestione dei conflitti.

Le cornici di riferimento da cui il lavoro trae origine sono: la teoria dell'attaccamento e la teoria cognitivo-comportamentale, con particolare attenzione alla teoria della comunicazione la quale, a partire dagli assiomi del gruppo di Palo Alto, fornisce una lettura delle dinamiche comunicative retrostanti l'interazione umana, processo cardine su cui poggia l'*humanitas*.

A mio avviso, la causa da cui originano più frequentemente i conflitti nel contesto organizzativo è quando divisioni e disconoscimenti relazionali prevalgono nel considerare l'altro perché, inevitabilmente ed inconsapevolmente, i filtri interpretativi e comunicativi individuali si trasferiscono nei rapporti gruppali.

---

[1]Cusinato., M. Gli ambienti di vita chiedono specifiche competenze relazionali. In: La competenza relazionale. Springer, Milano, 2013
[2]Quaglino. G.P., Ghislieri. C., Avere leadership. Raffaello Cortina Editore, 2004

Nella mia esperienza professionale, iniziata in ambito psichiatrico ove le dinamiche umane sono più raffinate per semplice competenza, ho avuto modo di riscontrare nei successivi reparti di assegnazione molteplici difficoltà nello stabilire rapporti umani equilibrati e sani in favore di dinamiche relazionali complicate e talvolta distruttive.

Avendo una formazione psicologica, ho pensato di riferirmi a due teoresi che hanno forgiato la mia attività clinica la quale, unitamente alla mia esperienza come infermiera di oltre trent'anni, mi ha permesso di osservare quanto la degenerazione delle dinamiche interpersonali risieda anche in una carente conoscenza sia dei fondamenti della comunicazione umana, che del modo di interpretare e percepire gli eventi, da cui emergono letture offuscate ed ottuse della realtà. Al contrario, essere consapevoli di noi stessi e dei modi di comunicare ed interagire, del nostro essere in relazione, ci aiuterebbe a migliorare o a limitare la ripetizione degli stessi errori sia in noi che nel rapporto ai membri del gruppo di lavoro.

La letteratura sul conflitto è estremamente ricca e, come mio interesse principale, metterò in evidenza quanto i nostri sistemi di attaccamento costruiti durante l'infanzia, unitamente al ricorso a pensieri automatici disfunzionali, convinzioni e schemi interpersonali che utilizziamo nell'elaborare le situazioni e gli eventi di vita, condizionino i comportamenti relazionali. Divenire consapevoli delle nostre coazioni e filtri percettivi ci permette di dare un'interpretazione più funzionale agli eventi della nostra vita, nello specifico al conflitto. In questa cornice teorica non è l'evento in sé ad essere nocivo, ma l'interpretazione che noi gli attribuiamo, e spesso i conflitti possono essere ricondotti a problemi di natura soggettivamente valoriale in cui le parti interessate sono riduttivamente finalizzate ad affermare la propria identità. Utilizzare la teoria dell'attaccamento ci aiuta ad approfondire come alcuni conflitti possano originarsi o possano dirimersi, soprattutto con l'ausilio degli stili di attaccamento come descrittori degli stili di personalità individuali. Dal conoscere il nostro stile di attaccamento e dall'accrescere le nostre competenze relazionali risulta possibile migliorare l'interazione con gli altri.

L'importanza delle competenze tecniche è fondamentale e imprescindibile nella gestione di un'unità operativa, ma quest'ultima è fatta di persone e pertanto le competenze relazionali che si devono possedere sono altrettanto fondamentali nel buon funzionamento del gruppo.

La teoria dell'attaccamento può essere utile perché ci dice molto su ciò che siamo, e la terapia cognitivo comportamentale costituisce un ottimo ausilio, riuscendo a coniugare l'importanza delle nostre esperienze di sviluppo unitamente al valore della realtà del presente. Troppo spesso nel nostro pensare quotidiano facciamo riferimento al passato o volgiamo il nostro interesse al futuro, trascurando il presente.

Nel seguente lavoro ho trovato maggiore utilità nel focalizzarmi sull'intelligenza emotiva da una prospettiva cognitivista, relegando in secondo piano la dimensione razionale, e valorizzando la dimensione del contesto **come spazio interpersonale in cui avvengono le transazioni comunicative,** "quando si analizza la comunicazione umana si trascura con troppa facilità la estrema importanza che ha per la comunicazione il contesto in cui essa ha luogo" Watzlawick[3].

[3] Watzlawick. P., *et al.*, Pragmatica della comunicazione umana. Studio dei modelli interattivi delle patologie e dei paradossi. Pag 53. Casa Ed. Astrolabio. Roma 1971

1. IL MODELLO COGNITIVO COMPORTA-MENTALE

Il modello della mente fornito dall'approccio cognitivo-comportamentale è decisamente molto variegato ed in continuo aggiornamento. Nel mondo vi sono moltissimi studiosi che si stanno occupando di approfondire tale modello con metodi e strumenti di ricerca clinica e statistica sempre più avanzati, tanto che la terapia cognitivo-comportamentale viene definita come la più efficace ed è la maggiormente consigliata in ambito internazionale. Inoltre, l'approccio italiano è stato tra i più apprezzati dalla comunità scientifica, divenendo perfino punto di riferimento per diversi anni nelle università dell'intero occidente. Al semplice ed iniziale comportamentismo si coniuga il modello cognitivista, dopo il quale si sviluppano modelli di maggiore complessità ed inclusività, per citare solo quelli italiani, quali il Cognitivismo Post-Razionalista, il modello Cognitivo-Evoluzionista.

Risulta difficile poter effettuare una sintesi esaustiva dell'intero universo di questo modello, quindi restringeremo il campo a ciò che può essere utile ai fini del presente lavoro.

Il modello di base si fonda sul rapporto esistente tra pensieri, comportamenti ed emozioni/sensazioni corporee, capaci di interagire uno sull'altro e di influenzarsi vicendevolmente; ogni pensiero può influenzare o determinare il vissuto emozionale e di conseguenza l'emissione di uno specifico comportamento. A loro volta questi tre fattori sono immersi in una dimensione processuale circolare all'interno della quale l'influenza reciproca di tali processi mentali può generare circuiti viziosi o virtuosi di azione o retroazione tra loro, che infine si esprimono esternamente in schemi comportamentali complessi. All'emissione di un comportamento si entrerà in un rapporto di feedback con l'ambiente con il quale si interagisce, determinando l'osservazione della risposta ai propri comportamenti ed un nuovo livello di percezione ed interpretazione di se stessi in interazione e dell'altro con il quale si interagisce, che potranno risultare coerenti o no con le aspettative interiori preesistenti. La teoria dell'attaccamento è stata inserita nel modello principale perché utile a fornire una spiegazione teorica ed evoluzionistica dello sviluppo umano e di come le prime esperienze relazionali nel periodo evolutivo possano rimanere impresse a livello implicito nella mente generando modelli tipici di reazione all'ambiente in età adulta; da qui deriva l'utilità specifica che possiamo fornire nell'osservare i rapporti umani sui luoghi di lavoro.

La dimensione interpersonale e comunicativa risulta essere della massima importanza, essendo impressi in noi sistemi motivazionali finalizzati alla fitness evolutiva ed all'adattamento all'ambiente umano e non; secondo la Teoria Evoluzionistica della Motivazione,[4] l'evoluzione della specie e la richiesta di capaci-

---

[4] Farina B., Liotti G., La svolta relazionale in psicoterapia cognitiva: origini e prospettive della psicoterapia cognitivo-evoluzionista. Quaderni di psicoterapia cognitiva, 11-34, 10.3280/QPC2018-042002, 2018.

tà relazionali sempre più complesse ha selezionato e promosso motivazioni e comportamenti finalizzati molto evoluti, tra i quali a noi interessano la spinta ad accudire la prole, a formare coppie durevoli, a formare strutture sociali, coalizioni ed a cooperare. Unitamente si presentano anche i sistemi motivazionali interpersonali che premono verso la costruzione gruppale e sociale ed al loro mantenimento grazie ai processi di regolazione delle dinamiche interattive di individuazione ed appartenenza con il gruppo, la società. Sembra che la traiettoria evolutiva umana sia principalmente segnata dalla relazionalità, ma questa sia parimenti uno dei fini maggiormente ricercati ma anche uno dei punti di maggior sofferenza. Aggiungo che la mente si sviluppa in gran parte a livello sociale in base alle prime esperienze con le figure di attaccamento, le quali persistono come schemi mnemonici impliciti di emozioni/convinzioni, che determineranno le modalità relazionali per tutto il nostro futuro, i Modelli Operativi Interni che "sono rappresentazioni mentali che guidano le tendenze emotive e cognitive nell'ambito delle relazioni interpersonali e che si profilano come una caratteristica di personalità che determina stabili pattern di aspettative, bisogni, ed esperienze emotive durante tutto il corso della vita" [5].

Come verrà esplicitato in seguito, purtroppo tali schemi potranno essere disfunzionali divenendo dei veri e propri generatori di modalità relazionali patologiche. I casi più gravi sono determi-

---

[5] Giusinu. D., L'attaccamento al luogo di lavoro, in www.academia.edu.

nati da quelli che vengono descritti come traumi relazionali precoci o traumi affettivi precoci.

L'approccio clinico si esplica principalmente nel lavoro a livello relazionale fornendo un ambiente clinico di attaccamento sostitutivo e sano rispetto a quello originario disfunzionale; nell'emersione progressiva della consapevolezza del legame tra pensieri e schemi cognitivi e del loro modo di influenzare involontariamente i comportamenti dannosi e dolorosi; nell'emersione dei propri veri obiettivi/motivazioni personali legandoli alle modalità più adeguate al loro raggiungimento; nel progressivo aumento di capacità metacognitive e di problem solving; nella ristrutturazione cognitiva dei modelli e delle convinzioni interpersonali; nell'uso di molteplici tecniche di intervento selezionate in base alle necessità del soggetto.

Ciò che emerge nella gestione di un gruppo di lavoro è come ogni persona sia portatore della sua personalità e della sua storia di vita, e che il leader debba almeno essere consapevole di come ognuno di noi sia portatore delle proprie fragilità con le quali trattare. Di tali fragilità, che verranno qui descritte con un modello cognitivo-comportamentale, il leader deve *in primis* esserne consapevole e poi deve riuscire a trattarle con la finalità di produrre evoluzione nel singolo e nel gruppo intero.

"Per buona parte della vita, le persone si rappresentano internamente i propri pensieri, sentimenti, desideri e azioni. A volte vi sono dei dibattiti interni come se l'individuo vagliasse alternative e modalità di azione e prendesse decisioni" [6] fenomeno chiamato

da Platone dialogo interno.

[6] Beck. A.T., Principi di terapia cognitiva. Un approccio nuovo alla cura dei disturbi affettivi. Casa Editrice Astrolabio. Roma 1994

2. LA TEORIA DELL'ATTACCAMENTO AP-PLICATA ALLE ORGANIZZAZIONI

2.1 GLI ASSUNTI DI BASE DELLA TEORIA DELL'ATTACCAMENTO

> *"l'attaccamento è parte integrante del comportamento umano dalla culla alla tomba".*
> John Bowlby 1979

La teoria dell'attaccamento di J. Bowlby (1969/1982, 1980) "ha accordato un ruolo centrale nello sviluppo adattivo dell'uomo a relazioni interpersonali supportive. Dalla culla alla tomba la salute mentale di un individuo è strettamente legata alle relazioni con figure di attaccamento che offrono sostegno emozionale e protezione fisica"[7]. Vi è una predisposizione innata ad instaurare relazioni affettive con una figura di riferimento, chiamata *caregiver* la cui funzione è quella di assicurarci l'accudimento e la protezione in situazioni che percepiamo come pericolose[8]. Dalle nostre esperienze durante il periodo dell'infanzia noi ci costruiamo delle elaborazioni mentali a livello cognitivo delle nostre figure di attaccamento e del Sé, che vengono chiamate Modelli Operativi Interni, il nostro sistema comportamentale di attaccamento funziona grazie a questi Modelli in base alle esperienze di interazione

---

[7] Bretherton. I, Munholland. K.A., Modelli Operativi Interni: elaborazione di un concetto centrale nella teoria dell'attaccamento, pag. 117, in Manuale dell'attaccamento. Teoria, ricerca e applicazioni tecniche, Giovanni Fioriti Editore, Roma 2010.
[8] Castello. A., su https://www.psicologiadellavoro.org/la-teoria-dell-attaccamento-nel-rapporto-tra-risorse-umane-ed-organizzazione/

che il bambino ha avuto durante il suo sviluppo con il genitore[9]. Bowlby è stato uno studioso che ha messo in discussione molte delle teorie più accreditate: la teoria psicanalitica pulsionale di Freud e la teoria dell'apprendimento sociale sullo sviluppo infantile, il cui riferimento era la pulsione secondaria che "sostenevano che la relazione tra il bambino e la madre si forma perché la madre nutre il bambino"[10] pertanto la presenza della madre era secondaria al piacere prodotto dal soddisfacimento della pulsione della fame. Gli studi sull'etologia di Lorenz[11] evidenziarono l'*imprinting,* una tipologia di apprendimento, che si verificava nelle oche, in cui si stabiliva un legame duraturo tra il piccolo e il primo essere che si occupava di lui (in questo caso era lo stesso Lorenz), lo stesso comportamento è stato osservato nell'essere umano identificato con *il caregiver*. Anche gli studi sulle scimmie Reso di Harlow, portarono Bowlby a mettere in discussione i precedenti paradigmi teorici, e con la collaborazione di colleghi appartenenti a diverse discipline, avanzò l'ipotesi innovativa in cui sosteneva che il legame del bambino con la madre era frutto di meccanismi emersi originariamente come risultato di spinte evoluzionistiche. "Il comportamento di attaccamento, è in parte predeterminato e perciò pronto a svilupparsi secondo certe linee guida quando le condizioni lo permettono [...] ha forti radici biologi-

---

[9] Cassibba. R., Legami di attaccamento nell'infanzia e nell'età adulta. In Psicologia della religione e teoria dell'attaccamento. A cura di Rossi. G., Aletti. M., ARACNE ed. Roma 2009

[10] Cassidy. C., La natura dei legami del bambino in Manuale dell'attaccamento, pag 7. Giovanni Fioriti Editore s.r.l. Roma 2010.

[11] Lorenz, K., L'Anello Di Re Salomone, Monaco 1949.

che, il che spiega le emozioni molto intense che vi sono associate"[12]; furono poi gli studi della di Mary Ainsworth[13] che con il suo gruppo di lavoro realizzò la *Strange Situation Procedure,* che diedero avvio agli studi empirici della teoria dell'attaccamento basati sull'osservazione diretta del bambino in un contesto semi sperimentale. Tale strumento di valutazione prediceva lo stile di attaccamento infantile a partire da scale di punteggio continue, usate per codificare i comportamenti dei bambini. Questa teoria offre una spiegazione di tipo biologico e sociale dei processi che portano alla costruzione delle relazioni affettive, al loro mantenimento e alla loro rottura durante l'intero corso di vita dell'individuo, nonché dell'influenza che le relazioni affettive esercitano sui singoli e sullo sviluppo della personalità. Il comportamento di attaccamento, possiamo definirlo come "quella forma di tono emotivo che unisce un soggetto a quello che si prende cura di lui"[14] e come risultato influenza e determina il carattere generale della relazione, il modo di comportarsi, di pensare, di agire e di rapportarsi. Un contributo di rilievo alla teoria dell'attaccamento, e che io ho ritenuto fondamentale riprendere in quanto utile alla comprensione del presente lavoro; è stato dato

---

[12] Bowlby J., Una base sicura, applicazioni cliniche della teoria dell'attaccamento, ed it. Raffaello Cortina Editore, Milano 1989.
[13] Ainsworth, M., Blehar, M., Waters, E., & Wall, Patterns of Attachment. Hillsdale, NJ: Erlbaum 1978.
[14]Liguori. L., La teoria dell'attaccamento applicata alle organizzazioni, su www.psyjob.it, maggio 2012.

dagli studiosi Heard, Lak e McClusey (2012)[15] i quali hanno introdotto delle integrazioni alla teoria originale, alcune di queste riguardano il Sé in cui si enfatizza l'aspetto non verbale dei segnali emotivi. L'interazione con le figure genitoriali o altre figure parentali struttureranno lo stile di attaccamento a cui la persona farà riferimento. Bowlby[16] descrive e riassume in questi schemi il carattere generale di ciascun stile:

Stile sicuro: è il bambino che ha fiducia nella disponibilità e nel supporto della figura di attaccamento in quanto, se si dovessero presentare condizioni di pericolo o avverse, la figura che egli ha individuato si dimostra sensibile a rispondere ai suoi segnali fornendogli disponibilità e protezione. A livello di personalità ne deriva un individuo con tratti che si caratterizzano per sicurezza, fiducia nelle proprie capacità, capace di sopportare dei distacchi prolungati, convinzione di essere amabile, un Sé positivo, non timoroso di essere abbandonato. L'emozione predominante è la gioia.

Stile insicuro evitante: il bambino che ha forgiato la sua personalità con questo tipo di attaccamento, è un individuo convinto che può fare affidamento solo su sé stesso, in quanto chiedendo aiuto non riceverà la disponibilità della figura di attaccamento, ma verrà addirittura rifiutato, pertanto non avrà l'amore ed il sostegno

---

[15] Heard. D., McCluskey. U., Lake. B., Attachment Therapy with Adolescents and Adults: Theory and Practice Post Bowlby. Taylor & Francis Ltd, 2012.
[16] Bowlby J. Una base sicura- applicazioni cliniche della teoria dell'attaccamento. Cortina Editore. Anno: 1996.

altrui, questo lo porterà a ricercare l'autosufficienza anche sul piano emotivo, con maggiore rischio di costruire un falso Sé. I tratti di personalità che lo caratterizzano maggiormente sono l'insicurezza, evita la relazione per convinzione del rifiuto, mostra un'apparente esclusiva fiducia in sé stesso e non formula nessuna richiesta di aiuto, vede un Sé positivo e affidabile, e nell'Altro un individuo negativo e inaffidabile. Le emozioni preponderanti sono tristezza e dolore.

Stile insicuro ansioso ambivalente: è un bambino incline all'angoscia di separazione, non ha certezza che la figura di attaccamento risponda alle sue richieste, questo tipo di legame è caratterizzato da una figura di attaccamento che in certe occasioni è disponibile ma non in altre, in cui le minacce di abbandono vengono utilizzate come mezzo coercitivo. I tratti di personalità che emergono, si strutturano per la convinzione di non essere amabile, insicurezza nell'esplorazione del mondo, ansia di abbandono, sfiducia nelle proprie capacità e fiducia nelle capacità degli altri. Un Sé negativo e inaffidabile dovuta alla convinzione che la figura dell'attaccamento nutra sfiducia in lui, l'Altro è visto come positivo ed affidabile. Predomina la colpa.

Gli schemi comportamentali per la maggior parte rientravano nelle descrizioni fatte sin qui, ma Mary Main e collaboratori, a partire dagli anni '80, elaborarono uno strumento qualitativo narrativo, *l'Adult Attachment Interview*, in grado di indagare le rappresentazioni mentali dell'adulto rispetto alle relazioni di attaccamento infantili con le figure genitoriali.[17] Dall'osservazione risultarono delle specifiche forme comportamentali che erano una versione disorganizzata di uno dei tre schemi, e che queste ricadevano più frequentemente nello schema di resistenza angosciosa. I bambini osservati, erano bambini maltrattati fisicamente o trascurati enormemente dal genitore, oppure figli di una madre affetta da una grave forma di sindrome maniaco-depressiva o risultato di altre situazioni in cui il bambino era seriamente trascurato emotivamente e fisicamente[18]. Queste caratteristiche vennero inserite nell'ultimo stile e che viene denominato come stile disorientato/disorganizzato.

Tra l'attaccamento dell'infanzia e dell'adulto, al di là dell'arco temporale a livello di fascia di età, in cui le loro dinamiche si collocano, non troviamo alcuna differenza, ambedue orientano il loro interesse verso una persona come figura od oggetto di attaccamento, sono relativamente stabili ed influenzano esperienze affettive, cognizioni, ed emozioni. Nell'adulto possiamo individuare quattro stili corrispondenti agli stili infantili[19]:

Stile Sicuro: ha grande fiducia in sé stesso esterna grande apprezzamento degli altri, è molto coerente, deciso, ha un approccio positivo con gli altri. Nelle sue relazioni si caratterizza per

---

[17] George C., Kaplan N., Main M., Adult Attachment Interview. University of California Press, Berkeley 1985.

[18] Bowlby- J., Una base sicura, applicazioni cliniche della teoria dell'attaccamento., ed it. Raffaello Cortina editore Milano 1989.

[19] Liguori. L., La teoria dell'attaccamento nel rapporto tra risorse umane ed organizzazione, in www.psicologiadellavoro.org, 2012.

l'intimità e l'aperura emotiva. Riesce a risolvere i confitti in maniera costruttiva.

Stile preoccupato: è paragonabile allo stile insicuro ansioso ambivalente del bambino, ha un modello di Sè negativo e dell'altro da Sé positivo, a causa del primo ha una bassa autostima, dipende dal giudizio degli altri, mentre il modello positivo che ha dell'altro lo porta alla ricerca continua di attenzione e di compagnia. Tale stile è paragonabile allo stile insicuro ansioso ambivalente. Ha costantemente bisogno di intimità nelle relazioni ma è talmente pervasivo che tende a far allontanare gli altri. La sua emotività si palesa con emozioni di rabbia, ossessività, gelosia e passione. Ha la tendenza a produrre conflitti con i caregiver ma non cerca la rottura del legame.

Stile distanziante: è paragonabile allo stile evitante. Modello di Sé positivo che si concretizza nel disinteressamento al giudizio degli altri in quanto prevale la fiducia in sé stesso, anche se questo lo porta ad essere percepito dagli altri come critico, arrogante, furbo, riservato e serio. La posizione che ha dell'altro negativo trasmette l'impressione di essere cinico e critico. Prevale in lui l'importanza della libertà, dell'indipendenza e dell'affermazione a scapito dell'importanza delle relazioni. Svaluta l'importanza delle relazioni che si caratterizzano, non mostrando affetto, per mancanza d'intimità. Dà l'impressione di non apprezzare chi lo circonda. Cerca di evitare i conflitti.

Stile Timoroso-Evitante: è paragonabile allo stile disorientato/disorganizzato in cui ha una visione del Sé negativo e dell'Altro negativo. Il Sé negativo si palesa con bassa autostima, difficoltà a fidarsi degli altri. Evita le richieste d'aiuto, presenta molte incertezze verso sé e verso gli altri. Ha difficoltà a comunicare apertamente, rifugge le relazioni emotive in cui spesso ricopre un ruolo passivo e dipendente, prevale l'insicurezza. Evita i conflitti.

2.2 LA TEORIA DELL'ATTACCAMENTO NELLE ORGANIZZAZIONI

Gli stili di attaccamento, secondo alcune ricerche, possono influenzare il comportamento individuale a lavoro[20]. L'uomo ha una predisposizione innata a ricercare la vicinanza con figure genitoriali primarie che gli danno la possibilità di formare relazioni, questo processo ha inizio dal primo anno di vita e gli serve per sentirsi protetto quando si sente "minacciato", e gli stessi meccanismi li possiamo ritrovare nella vita adulta. Il sistema di attaccamento è sempre presente in noi e permea la nostra vita e le nostre relazioni e la ricerca della "base sicura" determina e influenza la nostra personalità. In un'organizzazione lavorativa, la teoria dell'attaccamento rappresenta una cornice di riferimento per la comprensione delle dinamiche interpersonali anche quelle sottese

---

[20] Vitale. I., La teoria dell'attaccamento in ambito organizzativo, su www.psicologiadellavoro.org, 2014.

al nascere di conflitti. Se trasferiamo questi postulati all'interno del contesto lavorativo, la ricerca della base sicura da parte di un soggetto che fa parte del gruppo di lavoro, avverrà individuando nel coordinatore infermieristico e nella relazione che instaura con esso, questo tipo di sicurezza. Se queste aspettative trovano risconto e riconoscimento, la relazione risulta adeguata e le aspettative vengono soddisfatte. Laddove sia per le caratteristiche legate al coordinatore sia per quelle legate al gruppo di lavoro non vengono soddisfatte, si generano incomprensioni che spesso degenerano in conflitto. Il comportamento individuale all'interno di organizzazioni di lavoro può essere influenzato dagli stili di attaccamento[21], così come viene evidenziato da diversi studi, recenti e non. Secondo Hazan e Shaver[22], in uno studio risalente al 1990, gli stili di attaccamento possono essere correlati al comportamento organizzativo, evidenziando che colui che presenta un attaccamento sicuro mostra anche livelli di soddisfazione lavorativa più alta, una maggiore fiducia nel sentirsi valutato positivamente dai propri colleghi, mentre coloro che possiedono uno stile di attaccamento ansioso/ambivalente costruiscono rapporti interpersonali influenzati dalla paura di essere svalutati. Hardy e Barkham[23] nel 1994 sono riusciti ad osservare all'interno di un campione di soggetti in trattamento per stress lavoro-correlato, che gli ambivalenti

---

[21] Vitale. I., su https://www.igorvitale.org/la-teoria-dellattaccamento-in-azienda/
[22] Hazan, C., & Shaver, P. R. (1990). Love and work: An attachment-theoretical perspective. *Journal of Personality and Social Psychology, 59*(2), 270–280.
[23] Hardy, G. E., & Barkham, M. (1994). The relationship between interpersonal attachment styles and work difficulties. *Human Relations, 47*(3), 263–281.

presentavano un livello di ansia elevato nei riguardi dei rapporti con i propri colleghi e nel settore dei risultati lavorativi; invece i soggetti caratterizzati da un attaccamento evitante presentavano un numero maggiore di conflitti con i colleghi, si lamentavano molto del sovraccarico lavorativo e difficoltà anche nelle relazioni personali esterne. Mikulincer e Shaver[24] nel 2007, oltre ad aver esplicitato molte altre variabili interpersonali, hanno confermato come lo stile sicuro possa essere correlato all'impegno organizzativo generale, all'atteggiamento prosociale ed ai comportamenti produttivi spontanei; all'inverso hanno riscontrato che lo stile ansioso/evitante risulta correlato al desiderio di abbandonare l'organizzazione. In tempi più recenti Richards e Schat[25], hanno confermato come lo stile ansioso/evitante nel settore lavorativo influisca sull'espressività emozionale di superficie che prevede la finzione, sulle modalità strumentali di gestire i rapporti interpersonali e sul turnover.

---

[24] Mikulincer, M., & Shaver, P. R. (2007). Attachment in adulthood: Structure, dynamics, and change. Guilford Press.
[25] Richards, D. A., & Schat, A. C. H. (2011). Attachment at (not to) work: Applying attachment theory to explain individual behavior in organizations. *Journal of Applied Psychology, 96*(1), 169–182.

3. LA COMUNICAZIONE

Ànthropos zoon politikòn physei:
l'uomo è per natura un animale sociale
Aristotele (IV secolo A.C).

Se riprendiamo la frase di Aristotele "il riconoscimento di questa caratteristica fondamentale rende la comprensione dell'interazione sociale un requisito imprescindibile nella progettazione dei sistemi interattivi"[26], ponendo al centro dell'interesse la socialità, non possiamo non considerare che la base dell'interazione sociale umana sta nell'abilità di comunicare.

La comunicazione è *"una conditio sine qua non* della vita umana e dell'ordinamento sociale"[27] e sin dalla tenera età ogni essere umano è impegnato ad acquisirne le regole.

Il concetto di comunicazione nella sua rappresentazione attuale è frutto di diverse discipline quali, ad esempio, la cibernetica, la sociologia, la psicologia, la linguistica, la semiotica, l'etologia etc. Ciascuna ha contribuito, con la propria specificità, ad arricchirla di significati ed a renderla uno strumento unico e prezioso alla base di ogni transazione umana.

Utilizzando un'accezione molto ampia, si può definire comunicazione tutto ciò che un individuo vive, sperimenta e percepisce

---

[26] Gaggioli, A., Dall'interazione alle tecnologie sociali, inbook 2012, pag. 321
[27] Watzlawick P., Beavin J H., Jackson D D., La pragmatica della comunicazione umana, pag 7, Casa Ed. - Astrolabio- Ubaldini editore, Roma 1971

durante la sua vita di relazione nel corso del tempo con gli altri individui, e possiamo immaginarla come una condizione di continuo scambio con l'ambiente, di conseguenza i comportamenti che le persone assumono in una relazione interpersonale acquisiscono significato da parte dei loro interlocutori, che a loro volta interpretano e decodificano continuamente. Tale processo possiamo meglio chiarirlo attraverso l'assunto "la mappa non è il territorio" il quale definisce che l'essere umano non agisce direttamente nella realtà, ma in un proprio modello, pertanto alla visione del mondo diamo una connotazione puramente soggettiva e la realtà oggettiva è uguale per tutti ma, quando viviamo una determinata situazione, noi la rielaboriamo attraverso i nostri canali sensoriali, in cui i nostri valori personali, credenze, atteggiamenti ne condizionano il risultato. Ciò che avviene non è la riproduzione esatta di quel determinato evento, ma un'interpretazione filtrata dalle nostre esperienze e credenze, ove ciascuno di noi seleziona i fenomeni attribuendogli importanza in base al sistema valoriale, e ciascuno attribuisce un significato che può differire dall'evento in sé. In base al significato ed al nostro processo mentale, formuliamo delle ipotesi, che ci conducono a conclusioni che saranno frutto della nostra realtà soggettiva e guideranno le nostre azioni creando o rafforzando all'interno di un circolo vizioso le stesse convinzioni che daranno vita alle nostre condotte. La conseguenza è che non sempre le nostre mappe ci suggeriscono l'interpretazione giusta, perché se il nostro sistema valoriale condiziona fortemente la nostra rilettura dell'esperienza oggettiva, e se le nostre esperienze si sono forgiate rigidamente attorno a dei nuclei disfunzionali o quantomeno rigidi, tali mappe saranno un ostacolo.[28]

Il costruttivismo in questo senso ci dà una risposta definendo questo processo attraverso l'assunto che le persone sviluppano "una rete gerarchica di costrutti personali, idiosincratici e bipolari, organizzata attorno a una serie di costrutti di ruolo centrali"[29], i quali costituiscono l'essenza dei ruoli di identità della persona, profondamente radicati ed estremamente resistenti al cambiamento; tutto ciò che facciamo è influenzato dalla realtà che percepiamo e noi la percepiamo in base ai nostri filtri.

Fornire significati è una coazione presente in tutti gli individui, ed il processo di attribuzione di significato del comportamento altrui è forgiato nel corso del tempo dalle nostre esperienze in fase evolutiva, e l'esperienza del passato influisce sul presente a causa delle nostre interpretazioni; ognuno di noi ha un suo modo di osservare e rappresentare la realtà.

Se caliamo questi assunti nella comunicazione circolare, tipica delle relazioni interpersonali, ci rendiamo conto di come e quanto le persone possano alterare, generare, attribuire, falsificare, spesso in modo inconsapevole, la comunicazione. Essendo, oltretutto, la comunicazione un processo bidirezionale in cui è sempre presente

---

[28] Bisogni emozioni valori e convinzioni: -i-motori-della-nostra-vita.in www.nocom.it

[29] Dobson K.S., Psicoterapia cognitivo- comportamentale. Teorie, trattamento, efficacia: lo stato dell'arte., Ed. it. The McGraw-hill Company srl Milano 2002

feedback ed influenza reciproca continua, gli scambi comunicativi interpersonali possono divenire altamente disfunzionali. "Tutta la vita dell'individuo è comportamento, in ogni istante, in ogni ambiente"[30]

Il gruppo di Palo Alto di Watzlawick *et al.*, descrive la comunicazione attraverso diversi assiomi:

I.   "Non si può non comunicare": qualsiasi cosa noi facciamo o ci asteniamo di fare, il parlare o lo stare in silenzio è comportamento, il comportamento non ha un suo opposto;

II.   "Ogni comunicazione ha un aspetto di contenuto ed uno di relazione, in modo che il secondo classifica il primo ed è quindi metacomunicazione"; questo sta a significare che il contenuto del messaggio va interpretato tenendo conto della relazione esistente tra le persone che interagiscono in quel momento, durante uno scambio comunicativo si trasmette un'informazione che determina nell'altro un comportamento; attraverso ciò che osserviamo e sperimentiamo costruiamo una versione dei fatti ed in base a essa stabiliamo il tipo di relazione con gli altri;

III.   "La natura di una relazione dipende dalla punteggiatura delle sequenze di comunicazione tra i comunicanti", ogni volta che ci relazioniamo con le altre persone costruiamo una versione di ciò che osserviamo e sperimen-

---

[30] Mambriani. S., La comunicazione nelle relazioni di aiuto., Pag 16, Cittadella Editrice, Assisi 1992

tiamo, e questo stabilisce in noi il tipo di relazione che instauriamo con l'altro.

IV.   "Comunicazione numerica ed analogica", attraverso la prima si esprimono pensieri complessi a causa della sua capacità di astrazione "ha un'importanza particolare perché serve a scambiare informazioni sugli oggetti e anche perché ha la funzione di trasmettere la conoscenza di epoca in epoca"[31]. La comunicazione analogica è ogni comunicazione non verbale, è la più immediata e più semplice in quanto gli interlocutori hanno un'immagine definita di quello che stanno dicendo perché utilizzano un linguaggio simile tra loro. L'essere umano è l'unico organismo che utilizza moduli di comunicazione sia numerici che analogici.

V. "Interazione complementare e simmetrica", la prima è basata sull'uguaglianza tra interlocutori, mentre la seconda sulla differenza. L'interazione simmetrica si caratterizza per l'uguaglianza e la minimizzazione della differenza, le persone si considerano sullo stesso piano, nella complementare troviamo il processo opposto, in cui un interlocutore assume una posizione superiore e l'altro una posizione inferiore.

---

[31] Watzlawick P., Beavin J H., Jackson D D., *La pragmatica della comunicazione umana*, pag 55, Casa Ed. Astrolabio Ubaldini editore, Roma 1971.

3.1 LA COMUNICAZIONE INTERPERSONALE

Nella comunicazione interpersonale "si possono distinguere due principali aspetti costitutivi: quello contenutistico, che riguarda i contenuti scambiati prevalentemente mediante il linguaggio, e quello relazionale, che riguarda le parole, lo stile e i comportamenti scelti, cioè il modo di comunicare, per definire il rapporto reciproco, ad esempio, come paritario o di controllo"[32].

È essenziale a diversi livelli per un'ampia serie di motivazioni in quanto risponde a diversi bisogni:

• Bisogni di tipo fisico: l'assenza di comunicazione tra le persone può incidere anche sulla loro salute. È stato ampiamente dimostrato infatti che le persone sole con scarse e insoddisfacenti relazioni interpersonali sono più soggette a malattie e persino ad una morte prematura.

• Senso di identità: si basa su come ci relazioniamo con il prossimo, risultato dell'*imprinting* che dall'infanzia si è forgiato dalle interazioni con le persone "significative" (genitori, familiari, adulti per noi importanti, amici).

• Bisogni sociali: con la comunicazione possiamo soddisfare anche il senso di appartenenza ad un gruppo e di coinvolgimento con gli altri; possiamo appagare un nostro eventuale desiderio di

---

[32] Messana. C., Comunicazione interpersonale, in Franco LEVER - Pier Cesare Rivoltella - Adriano Zanacchi (edd.), La comunicazione. Dizionario di scienze e tecniche, in www.lacomunicazione.it (13/04/2020).

controllo e di influenza sulle persone, possiamo dare e ricevere affetto.

La comunicazione interpersonale si suddivide a sua volta in:

Comunicazione verbale: costituisce una piccola parte del processo comunicativo, ma non si può sottovalutare l'importante funzione che la comunicazione svolge quotidianamente nel rispondere ai bisogni di tipo pratico. "I codici utilizzati nella comunicazione verbale nelle organizzazioni, riflettono la cultura professionale degli interlocutori ed il loro bagaglio di esperienze"[33],

Comunicazione non verbale: è la parte più importante dello scambio comunicativo, riguarda sia le emozioni individuali che gli atteggiamenti sociali, "è formata dall'insieme di un sistema intonazionale e di un sistema paralinguistico"[34]. Darwin fu il primo a studiare in modo scientifico la comunicazione non verbale osservando nei mammiferi le emozioni facciali, furono poi le scienze sociali che negli anni 40' utilizzarono le tecniche di registrazione audio-visive come strumenti di indagine adoperati dagli studiosi del comportamento. Batson[35] fece le sue osservazioni in un contesto di psicoterapia e familiare mettendo in evidenza il ruolo dei cambiamenti del tono della voce, lo stile espressivo ed altri indicatori utili alla sua comprensione. La comunicazione non

---

[33] Autieri. E., Management delle risorse umane. Fondamenti professionali, Edizioni Angelo Guerini e Associati SpA, Milano 1998.
[34] Maldonato, M., Psicologia della comunicazione. Cibernetica, fenomenologia e complessità, pag 352 Esselibri S.P.A. Napoli 2002.
[35] Bateson, G., Mente e Natura, Adelphi, Milano 1984.

verbale è ampiamente interpretabile, differenze geografiche[36] e culturali incidono nell'interpretazione. Avviene senza l'uso delle parole attraverso vari canali ad esempio:

- mimica facciale considerata il canale più rilevante della comunicazione non verbale;

- gesti, movimenti intenzionali attraverso i quali si comunicano molte informazioni;

- postura e movimenti del corpo attraverso il linguaggio del corpo (*cinesica*) noi diamo molte informazioni sulle nostre emozioni, lo stato d'animo e soprattutto veicola la nostra convinzione su ciò che diciamo;

- comportamento spaziale o prossemica, è influenzato dal sesso, religione, etnia, stato d'animo, storia personale, temperamento e ambiente; "è una forma di comunicazione non verbale che consiste nella modulazione della distanza fisica che separa due o più individui durante una conversazione o interazione" [37] lo studioso che ne analizzò l'importanza fu Edward T. Hall[38] (1963), lo studio della prossemica ci fornisce informazioni sullo spazio umano in termini di distanza fisica e sono: la distanza intima che è la distanza dei rapporti intimi (es. tra partner) e sconfina nel contatto fisico; il tono delle voce è più basso, così

---

[36] Bombelli. M.C., Dimensione corporea e comportamento organizzativo. In Sviluppo e organizzazione, 1995.

[37] Gaggioli, A., Dall'interazione alle tecnologie sociali, inbook 2012, pag. 327

[38] Hall, E.T. (1959) "The silent language", tr. it. (1969) " Il linguaggio silenzioso", Bompiani, Milano.

come il volume. La Distanza Personale è la distanza adottata da amici o da persone che provano attrazione per l'altro. La Distanza Sociale è una distanza formale adottata nei rapporti formali: con l'insegnante, in un ufficio. La Distanza Pubblica è la capacità di percepire una persona o di farsi percepire a distanze superiori a due metri; generalmente a questa distanza siamo percepiti come parte dell'ambiente. ma, soprattutto, come luogo in cui la comunicazione avviene[39], si interrompe e così via.

Comunicazione paraverbale: ogni persona ha un personale stile espressivo, che è in grado di indicare intenzioni, stati d'animo e umori[40], avviene attraverso le variazioni nella voce ed è possibile captare le condizioni emotive dell'interlocutore, riguarda soprattutto la voce, ad esempio toni alti denotano tensione, irritazione; toni bassi: calma e sicurezza, abbassando il tono della voce si denota insicurezza (tono, volume ritmo) ma anche le pause, le risate, il silenzio ed altre espressioni sonore (schiarirsi la voce, tamburellare, far suoni) e il giocherellare con oggetti-

Sin qui abbiamo descritto gli aspetti principali della C.I. e del ruolo che riveste nel nostro agire quotidiano, se analizziamo questi aspetti trasposti ad un contesto lavorativo ospedaliero, in cui le interazioni si susseguono con una moltitudine di persone, ci rendiamo conto di quanto sia importante conoscere alcuni principi che orientano le nostre azioni comunicative al fine di migliorare e

---

[39] http://stefaniaconsigliere.it/articoli/040_2004_prossemica1.pdf
[40] https://www.unipa.it/archivio-intranet/.content/documenti/Dispensa_PRIVITERA.pdf

comprendere alcune trappole comunicazionali che spesso spostano l'attenzione verso componenti secondarie che inficiano il processo comunicativo.

Nelle aziende a livello organizzativo le informazioni dirette al personale, avviene mediante procedure, attraverso un meccanismo gerarchico dall'alto verso il basso, nel tempo i cambiamenti organizzativi hanno sempre più valorizzato la comunicazione, quindi se l'informazione con la sua modalità unidirezionale rimane indiscutibilmente importante per determinati scopi, la comunicazione interpersonale con il suo carattere bidirezionale e le altre caratteristiche che la definiscono, riveste una notevole importanza affinché il gruppo di lavoro si riesca a gestire con più facilità, considerando anche il luogo in cui questi scambi avvengono come condizionante in quanto "il contesto determina fortemente la relazione e l'interazione: per esempio, all'interno di un'organizzazione o, più genericamente, in un contesto istituzionale, si inviano informazioni che tendono a generare delle aspettative qualificando il rapporto tra gli interagenti: un contesto istituzionalizzato può rendere la relazione particolarmente asimmetrica impedendo la realizzazione di una relazione spontanea di ricerca e verifica della reciprocità; ciò comporta una dinamica di dipendenza, in particolar modo quando é presente una terza struttura, cioè la committenza"[41].

---

[41]Monge Roffarello A. - *Parola A. Dispense sulla CNV Il comportamento spaziale*, pag 18

La comunicazione verbale ed il linguaggio del corpo sono interdipendenti. In uno studio del 1972 lo psicologo statunitense Albert Mehrabian ("Non-verbal communication") "ha mostrato che ciò che viene percepito in un messaggio vocale può essere così suddiviso: movimenti del corpo (soprattutto espressioni facciali) 55% - aspetto vocale (Volume, tono, ritmo) 38% - aspetto verbale (parole) 7%"[42]

---

[42] http://www.istitutosuperiorebruno-dorso.it/scuola-lavoro/DocumentiUtili/Grasso/lezione2bis.pdf

4. IL CONFLITTO

"Il modo in cui comunichiamo con gli altri e con noi stessi
determina la qualità della nostra vita".
Anthony Robbins

Nel conflitto[43], l'interpretazione e la rappresentazione che gli individui coinvolti danno della situazione giocano un ruolo fondamentale, per cui la sua natura è soggettiva-percettiva e verrà percepito diversamente in base alle persone coinvolte ed al coinvolgimento relazionale-emotivo che si ha con loro, al contesto, alle esperienze conflittuali precedenti ed anche all'intenzione di preservare o meno un rapporto futuro con la controparte.

Il conflitto è un fenomeno che presenta una grande complessità, tale complessità si esprime attraverso: lotte per il potere, bisogno di consenso, atteggiamenti e valori, differenti personalità, divergenze di interesse, comunicazioni disfunzionali, sentimenti di gelosia, desideri di affermazione etc, "nasce quando un individuo viene ad occupare, simultaneamente, due posizioni differenti che prescrivono atteggiamenti diversi, oppure quando le attese di persone, o gruppi diversi, relativi ad una stessa posizione, discordano nettamente"[44]può nascere in qualsiasi ambito della vita quotidiana, non esistono organizzazioni lavorative libere da conflitti in quanto scaturiscono dal confronto tra persone, non dobbiamo

---

43 Gabassi. P., Psicologia del lavoro nelle organizzazioni Editore Franco Angeli, 2007
44 Canestrari. R., Psicologia generale e dello sviluppo. Pag 470 Cooperativa Libraria Universitaria Editrice Bologna, 1984

immaginarlo come un qualcosa di essenzialmente negativo, attraverso esso si può arrivare a trasformare un problema in un'opportunità per migliorare. Alla base dei conflitti risiedono bisogni umani ritenuti normali e dinamiche gruppali che sono generalmente utili[45] ma tuttavia possono degenerare in conseguenze indesiderate, si potrebbero risolvere più facilmente se li vedessimo come un'opportunità per migliorare le relazioni, come espressione di diversità ma la logica sottesa ad esso ci fa propendere verso un pensiero "dicotomico che fa conoscenza delle cose in termini di opposti: femminile/maschile, forte/debole, razionale/irrazionale, rendendo molto difficile la coesistenza di realtà diverse in un'unica persona, o gruppo o società.."[46].

4.1   I CONFLITTI NELLE ORGANIZZAZIONI SANITARIE

> *«Non vi sono mai due persone che non si capiscono;*
> *ci sono solo due persone che non hanno discusso»*
> *Proverbio africano*

Il proverbio riportato ci offre una lettura positiva del conflitto, "la gestione dei conflitti è stata considerata un aspetto essenziale della vita organizzativa. È una componente naturale che può esse-

---

[45] Hamilton D.L., Sherman J.W. (1994), "Stereotypes", in Wyer J.R.S., Skrull T.K. (a cura di), Handbook of social cognition, Erlbaum, Hillsdale (NJ), II ed., pp. 1-68.
[46] Di Rosa. L., Il conflitto psicologico, su www.guidapsicologi.i 2015

re anche produttiva nell'ambito delle relazioni di gruppo e delle relazioni interpersonali. Inizialmente, il conflitto doveva essere evitato a tutti i costi, ma più recentemente il conflitto è stato considerato importante per lo sviluppo organizzativo"[47].

La definizione del gruppo di lavoro che Kurt Lewin (1890-1947) definisce "una totalità, lungi dall'essere la somma delle parti che contiene, le condiziona, nel senso che all'interno di una totalità una sua parte è qualcosa d'altro rispetto alla stessa parte isolata o inserita in un'Altra totalità" ci offre una spiegazione su come il gruppo di lavoro è l'incontro di diverse caratteristiche individuali e la complessità che ne deriva può intervenire nel generare delle incomprensioni che sfociano in conflitti di varia natura:

- sociale (tra un individuo ed il gruppo di appartenenza);

- personale (tra un individuo ed un altro);

- emotivo (all'interno dell'individuo stesso in cui emozioni e sentimenti possono essere contrastanti);

- intrapsichico (in cui sono interessate le diverse parti della propria personalità), il conflitto ci pone davanti ad un disagio a delle scelte, che si esprimono in uno stato di difficoltà.

Il conflitto può essere:

---

[47] Valentine. P.E., Management of conflict: do nurses/women handle it differently? J Adv Nurs._ 1995 Jul;22(1):142-9.

- costruttivo, gli individui convolti riconoscono che nel gruppo di lavoro avere divergenze di opinione è un aspetto normale, le persone sanno cooperare, vi è ascolto ed attenzione, il clima lavorativo è aperto, la comunicazione prevalente è assertiva, vi è rispetto e attenzione per l'altro nel raggiunto degli obiettivi. In questo tipo di conflitto, il compito del leader è di facilitare la potenziale costruttività del conflitto e trasformarlo in risorsa a favore e beneficio del gruppo e dell'azienda;

- distruttivo, si crea prevaricazione in quanto il singolo tende ad affermare il suo punto di vista non tenendo conto del gruppo, la comunicazione utilizzata è competitiva, si tende all'egoismo, gli attacchi personali sono frequenti, il clima lavorativo è chiuso e freddo, questo tipo di conflitto, se non si risolve, nel tempo porta ad un danneggiamento delle relazioni interpersonali, in cui anche gli obiettivi della struttura vengono compromessi.

Nell'ambiente lavorativo, la stretta vicinanza, il continuo rapporto, una differente base culturale, interessi dissimili, bisogni e punti di vista diversi e impegno richiesto, possono divergere sensibilmente sia nel modo di pensare che nella modalità di svolgimento in cui il lavoro va svolto, possono essere premesse per divenire uno scontro inevitabile, i conflitti che in ambiente lavorativo riscontriamo più spesso, possiamo riassumerli in problemi di interdipendenza, "l'appartenere a un gruppo determina un'interdipendenza fra elementi soggettivi ed elementi intersoggettivi, elementi cioè che appartengono all'intimità di ogni individuo ed altri appresi invece a contatto con il gruppo"[48] questo assunto è valido se gli obiettivi vengono condivisi, ogni membro assume un atteggiamento collaborativo e raggiungere i risultati prefissati diventa una priorità per tutti. Nel momento in cui, ci sono divergenze scattano dinamiche personali in cui prevalgono degli atteggiamenti di lassismo e/o prevaricazione che diventano i presupposti per l'esacerbarsi dei conflitti; anche i differenti modi di lavorare incidono, ciascuno di noi ne ha uno tutto personale, chi è perfezionista, chi lavora in modo frenetico, riuscire a coniugare queste differenze nel gruppo di lavoro diventa difficile anche se il gruppo parte da una buon atteggiamento di base; le differenze individuali giocano un ruolo importante, la diversità in termini di personalità, età, formazione (nel contesto ospedaliero pensiamo alle infermiere con formazione pre-laurea ed alle infermiere con formazione universitaria) al genere ed anche allo stile di vita degli elementi del gruppo, tutto ciò può influire e far sì che anziché vedere nelle diversità una risorsa il lavoro si trasformi in una sfida[49], anche la mancanza di un coordinatore che si pone in modo chiaro, competente e motivante porta il gruppo di lavoro ad essere prevalso da frustrazione e scontentezza, causando disarmonia le cui

---

[48] Il lavoro d'èquipe: collaborazione e gestione del conflitto, su
http://www.associazioneprofeta.it/doc-umenti/allegati/pw1.pdf
[49]https://lamenteemeravigliosa.it/conflitti-sul-lavoro-comuni

conseguenze possono essere diverse nel ripercuotersi tutte in modo più o meno incisivo, in letteratura ritroviamo l'esito di due indagini, una svolta mediante questionario inviato per posta a 3000 professionisti della salute di cui hanno risposto 1670, l'altra condotta online che ha coinvolto 1338 persone sempre in ambito lavorativo, sono state effettuate nel 2002 negli USA e avevano come oggetto di studio il conflitto nelle organizzazioni sanitarie in quanto luoghi di lavoro[50], ciò che emerso principalmente da queste indagini è la seguente sintesi: il conflitto è molto presente nelle organizzazioni sanitarie, ed è presente anche il sabotaggio, comportamento attraverso il quale una persona in modo consapevole o meno attacca l'integrità personale o professionale di un altro individuo o danneggia l'azienda; il conflitto provoca sconvolgimento in quanto riduce o distrugge l'autostima e danneggia la credibilità nella vita personale o professionale degli individui coinvolti[51]; dal quadro descritto ne deriva che le conseguenze del conflitto possono danneggiare in diverso modo le persone coinvolte coinvolgendo la sfera personale ed anche la resa lavorativa che può manifestarsi attraverso un turnover maggiore, prestazioni lavorative meno performanti, ed un senso di lealtà che diminuisce. Ecco perché prendere atto del conflitto è importante per il benessere dell'organizzazione e del gruppo di lavoro, possiamo

---

[50] Briles. J., Zappiong Conflict in the Health Care Workplace, , Mile High Press, Denver, 2003, cit. in Manuale di management per le professioni sanitarie McGraw-Hill Edication S.r.l pag 381-382. Milano 2015

[51] Pennini. A., La gestione dei conflitti e la negoziazione. in Manuale di management per le professioni sanitarie. McGraw-Hill Edication S.r.l pag 381-382. Milano 2015.

vederlo come un'operazione di consapevolezza che ridefinisce la dignità delle persone coinvolte.

5. DIFFERENZE DI GENERE

Il sesso inteso come maschio e femmina è un costrutto, che si riferisce all'insieme di caratteri fisiologici e anatomici all'interno di una specie (sesso biologico). L'identità di genere si può definire come il senso di appartenenza in cui un individuo si identifica, può essere o non essere correlata al sesso assegnato alla nascita, è diversa dall'orientamento sessuale. L'appartenenza sessuale è fortemente condizionata da tradizioni e credenze soprattutto in rapporto alla cultura di appartenenza, questo incide notevolmente nello sviluppo dell'identità individuale, queste diversità vengono sostenute da diversi studi che suggeriscono che durante lo sviluppo, nei primi anni di vita, a livello educativo gli infanti vengono socializzati da parte dei genitori o da chi si occupa di loro in modo diverso, ad esempio nelle femmine l'espressione dell'aggressività viene meno tollerata rispetto ai maschi Malatesta e Haviland[52] (1982).

La descrizione di alcune caratteristiche legate al genere ne delineano la diversità. Gli uomini sono più razionali, nel raggiungere degli obiettivi vogliono dimostrare le loro capacità, si gratificano per le loro abilità, alla presenza di un problema tendono a chiudersi e concentrarsi, non comunicano le loro emozioni apertamente; le donne sono più intuitive, hanno spiccate disposizioni

---

[52] Malatesta. G., Gulver. G., Tesman. J.B.Haviland. J., Leaming dispay rules The socialization on emotion expression during the first two years of life. Monographs of the society for in Child Development, 54 (1-2, No.219. 1992 Cit

relazionali, si gratificano per l'interesse che gli altri le mostrano, manifestano le loro emozioni apertamente e chiedono aiuto con più facilità. Anche rispetto all'intelligenza emotiva Goleman[53] (1997) nei sui studi indagò l'influenza del sesso sulla consapevolezza emotiva, risultò che, sia gli uomini che le donne non differiscono nel riconoscere empaticamente nella coppia lo stato d'animo del partner, ma la differenza sta nel fatto che gli uomini sono più restii a mostrare le proprie emozioni, minimizzandole. Probabilmente i condizionamenti ambientali e culturali favoriscono le differenze nell'espressione delle emozioni, mentre le donne si sentono libere di esprimerle attraverso il linguaggio del corpo e la mimica facciale.

Altri studi evidenziano i diversi stili di comunicazione, diverse modalità e regole di codifica e decodifica, ad esempio nella comunicazione non verbale le differenze "sono dovute sia a fattori sia fisiologici sia squisitamente socio-culturali. Probabilmente, per fattori innati, le donne mostrano un maggiore interesse per il volto, tanto che per osservarlo ed esaminarlo, si avvicinano fino a brevi distanze dall'interlocutore"[54]

Sui condizionamenti ambientali e culturali la letteratura è molto ricca, il nostro interesse ci concentra maggiormente a mettere in evidenza se l'appartenenza ad un genere piuttosto che l'altro differisca nel rapporto verso il conflitto.

---

[53] Goleman., D., Intelligenza emotiva per un figlio. Ar.ac.as. Libri S.P.A Milano 1997
[54] Maldonato, M., Psicologia della comunicazione. Cibernetica, fenomenologia e complessità, pag 352 Esselibri S.P.A. Napoli 2002

Nel contesto Tannen[55] (1991) e Gray[56] (1992) hanno analizzato le diversità di genere nel contesto aziendale, le cui dinamiche trascendono l'ambito lavorativo, è emerso che le donne, per cause biologhe e sociali, sono più focalizzate sulla relazione, contenuto e relazione sono intrecciati, gli uomini si focalizzano più sui risultati e separano i contenuti dalla relazione, come intuibile questo crea problemi nella comunicazione e spesso determina conflitti, soprattutto *feedback*.

Steinem[57] (1992) nei suoi studi osserva la tendenza della ricerca di un ambiente affettivo positivo piuttosto che competitivo. Altri studi datati (1995) hanno evidenziato delle diversità di genere: in ambito sanitario le infermiere a seconda del ruolo che occupano differiscono nell'interazione: se coordinatrice utilizza più il compromesso mentre se infermiera utilizza l'evitamento del conflitto, la competizione è usata molto raramente da entrambe le figure. In conclusione, gli autori dicono che non si possono semplicemente travasare i risultati di studi effettuati nel sesso maschile nel sesso femminile, avendo questi degli atteggiamenti diversi.

Una metanalisi[58] di 25 studi (2000-2018) sugli infermieri in generale suggerisce che l'atteggiamento principale nella gestione del conflitto hanno utilizzato approcci costruttivi / positivi alla

---

[55]Tannen, D. You just don't understand. Women and men in conversation. 1991

[56] Gray. R., Men Are from Mars, Women Are from Venus Mars,: Gender Communication, 1992

[57] Steinem. G., My Life on the Road. New York: Random House, 1992

[58] Labraque LJ[1], Al Hamdan Z[2], McEnroe-Petitte DM[3]. An integrative review on conflict management styles among nursing professionals: implications for nursing management. Nurs Manag. 2018 Nov;26(8):902-917. doi: 10.1111/jonm.12626. Epub 2018 Aug 28.

gestione dei conflitti piuttosto che approcci distruttivi / negativi, dimostrano di esser propensi più verso l'integrazione e l'essere accomodanti, mentre l'evitamento e la competizione sono utilizzati molto raramente.

6. INTELLIGENZA EMOTIVA

6.1 IL RUOLO DELLE EMOZIONI

L'emozione è definita da "una reazione complessa di cui entrano a far parte variazioni fisiologiche a partire da uno stato omeostatico di base ed esperienze soggettive variamente definibili (sentimenti), solitamente accompagnata da comportamenti mimici[59]". Le emozioni sono essenzialmente impulsi ad agire, hanno avuto da sempre un ruolo importante nella conservazione della specie, in quanto nel nostro passato biologico, durante il lungo periodo dell'evoluzione servivano a reagire prontamente a stimoli ritenuti pericolosi in cui il passaggio all'azione era sinonimo di vita o di morte (davanti ad un animale feroce la mente emozionale agiva prima ancora che i circuiti della mente razionale potessero essere coinvolti, viene attuata una valutazione automatica che sacrifica l'accuratezza a vantaggio della velocità), oggi, nonostante le condizioni evolutive e quindi ambientali siano notevolmente migliorate, continuiamo a conservare delle inclinazioni biologiche con impronta ancestrale, anche se l'esperienza e la cultura ne hanno in parte mitigato l'espressione, in alcuni contesti ed in determinate circostanze la forza di alcune si manifesta in tutta la sua potenza. Più riconosciamo le nostre emozioni più siamo in grado

---

[59]http://www.treccani.it/vocabolario/emozione/

di riconoscere i sentimenti altrui, riconoscerne il valore ci aiuta considerevolmente a migliorare i nostri rapporti interpersonali. La comunicazione non verbale è il canale preferenziale per comprenderle in quanto le emozioni utilizzano il canale verbale e più "agite". Nelle nostre interazioni inviamo segnali emozionali che influenzano i nostri interlocutori, queste sfumature emotive vengono colte attraverso il non verbale ed utilizzate ricreando in noi lo stato d'animo dell'altro (empatia), è ovvio che non tutti riusciamo a percepire questo con la stessa sensibilità, alcune persone sono più predisposte di altre, con quest'ultime si crea una sorta di sincronia che agevola l'invio e la ricezione degli stati d'animo sia che essi siano positivi che negativi[60], nel momento che l'altro non percepisce, lo scambio comunicativo ne risente in quanto possono prevalere imbarazzo, confusione sulla reali intenzioni e disagio.

6.2 DEFINIZIONE DI INTELLIGENZA EMOTIVA

È la capacità di saper integrare la logica con le emozioni, propria e degli altri, in funzione dei nostri obiettivi importanti[61], i nostri risultati in ambito lavorativo e privato sono influenzati direttamente dal livello di Intelligenza Emotiva delle persone nella mi-

---

[60] Goleman. D., Intelligenza emotiva. Che cos'è perché può renderci felici. R.C.S Libri S.P.A. Milano, 1997

[61] Biasci. A., su https://www.crescita-personale.it/articoli/competenze/atteggiamento/muovere-team-con-intelligenza-emotiva.html

sura del 50%, questo è confermato dalle statistiche, un'altra ricerca[62] in cui si indagava la relazione tra le qualità personali e il successo nel raggiungimento degli obiettivi condotta nel 2014 da Mazur *et al.*, su "373 persone, ha evidenziato che l'intelligenza emotiva è associata a migliori risultati. La consapevolezza degli stati emotivi e la capacità di gestirli si è confermata quindi essere fondamentale per poter mantenere buoni rapporti con gli stakeholder, allineandoli agli obiettivi aziendali"[63]. Si rivela un dato importante per incentivare all'apprendimento di queste abilità in considerazione del nesso strettamente ravvicinato con l'aspetto relazionale, sapere come funzionano le persone compresi noi stessi è importante per affinare le competenze che ci accingiamo ad assumere nel contesto lavorativo. Un aspetto essenziale di coesione per il gruppo è la soddisfazione sul lavoro e la fiducia Rezvani[64] *et al*, che si basa sull'empatia, sulla capacità di ascolto in un rapporto circolare si dà fiducia se si prova fiducia,a tal fine ciò che viene detto deve essere congruente con ciò che si mette in pratica. Secondo S. Côte (2017)[65], in ambiente lavorativo si dovrebbero potenziare la percezione sociale, l'autoconsapevolezza, la comprensione e la regolazione delle emozioni. Per attenuare un clima di conflitto, gli assun-

---

[62] Mazur.A., Pisarski. A., Chang. A., Ashkanasy N.M. cit. in Gestire un team tramite l'intelligenza emotiva. Rigonat. S., su https://lab-ncs.com/articoli/gestire-un-team-tramite-intelligenza-emotiva/

[63] Rigonat. S., su https://lab-ncs.com/articoli/gestire-un-team-tramite-intelligenza-emotiva/

[64] Rezvani. A., Chang A., Wiewiora. A., M. Ashkanasy. N M., Jordan P.J., Zolin. R., 2016)[64] Manager emotional and project success: The mediating role of job satisfaction and trust. International Journal of Project Management 34 (2016) 1212-1122.

[65] Côté. S., Enhancing managerial effectiveness via four core facets of emotional intelligence, Organ Dyn 2017

ti dell'intelligenza emotiva si possono apprendere ed integrare con tutte le competenze sinora trattate.

7. COMPETENZE RELAZIONALI DEL COORDINATORE INFERMIERISTICO

Il ruolo in un contesto lavorativo è un aspetto che determina la modalità con cui si svilupperanno le interazioni interpersonali, e sarà paritetico in una relazione simmetrica mentre sarà complementare quando "si hanno due diverse posizioni dei comunicanti: uno assume la posizione di superiore, primaria o *one-up* e l'altro la posizione secondaria, inferiore o *one-down*. In molti casi e quando i ruoli non sono formalizzati, le relazioni complementari possono essere imposte dal contesto socio-culturale (es. rapporti madre-figlio, medico-paziente, insegnante-alunno)[66]". In questo lavoro si attribuisce molta importanza al ruolo che riveste il coordinatore ed alle sue modalità di interazione soprattutto rispetto alle competenze relazionali, per sollecitare l'interesse verso un'auto-osservazione che porta all'autoconoscenza, ed al sapersi interpretare.

Conoscere i nostri pensieri, dare significato alle emozioni e sensazioni, ci permette di capire quale tipo di schema relazionale utilizziamo prevalentemente, nel ruolo che rivestiamo. Durante una discussione, la capacità di gestione di un gruppo di lavoro ri-

---

[66] https://ildizionariodipsicologia.net/assiomi-della-comunicazione-watzlawick/

chiede la conoscenza delle nostre mappe cognitive interpersonali affinché si ottenga un buon equilibrio relazionale. Gli individui si rapportano all'organizzazione lavorativa, come agli eventi della vita, con il loro sistema di attaccamento ed i loro Modelli Operativi Interni, e ricercano negli altri una figura che abbia la funzione di "base sicura", e solitamente questa viene identificata nella figura del leader e dalla relazione che si istaura tra loro. Se si crea una corrispondenza diventa un punto di riferimento per le interazioni che si verranno a costruire sia con il leader stesso sia con il resto del gruppo di lavoro se, al contrario, questa ricerca non porta a buoni esiti si possono verificare una serie di manifestazioni comportamentali che esprimono il disagio psicologico dell'individuo.

Non bisogna interpretare la ricerca della base sicura come una forte dipendenza dal leader, al contrario, Schein, il maggiore studioso della cultura organizzativa, ha individuato delle competenze ritenute fondamentali, che il leader deve possedere affinché il gruppo di lavoro possa evolvere positivamente, che possono essere assimilate ad un profilo molto simile a quello del *caregiver* della teoria dell'attaccamento. Queste competenze[67] possono essere rilette alla luce della teoria dell'attaccamento attraverso il seguente prospetto:

    - motivazione: saper motivare attraverso l'utilizzo del giusto modulo comunicazionale sia individualmente che con

---

[67] Liguori. L., La teoria dell'attaccamento nel rapporto tra risorse umane ed organizzazione, in www.psicologiadellavoro.org, 2012.

il gruppo, poiché la comunicazione è condizione indispensabile alla base dell'interazione umana, va da sé che la motivazione è la condizione *sine qua non* dell'attaccamento;

- forza emotiva: riuscire a trasferire sicurezza, contenendo l'ansia davanti a cambiamenti (base sicura);

- profondità di visione: costruire strumenti adatti per fronteggiare la competizione attraverso una valutazione adeguata delle caratteristiche interne ed esterne all'organizzazione (gestire la relazione di attaccamento);

- percezione e sensibilità: individuare le criticità ed i punti deboli dei vecchi modelli culturali (si può paragonare alla sensibilità materna nel rapporto figlio genitore);

- capacità di cambiare gli assunti culturali, mediante una ristrutturazione cognitiva[68] (si riferisce al concetto che pensieri, emozioni e comportamenti si influenzino reciprocamente). Se uno dei tre fattori cambia, gli altri ne vengono influenzati, questo aiuta a creare nel gruppo di lavoro nuovi costrutti e categorie concettuali favorendo i cambiamenti (questo porterebbe a cambiare i Modelli Operativi Interni della persona e quindi dell'organizzazione).

---

[68] Beck. A.T., Principi di terapia cognitiva. Un approccio nuovo alla cura dei disturbi affettivi, Casa Editrice Astrolabio Roma 1984.

Anche il singolo presenta delle caratteristiche della situazione di attaccamento all'organizzazione che interagiscono costantemente con il gruppo e con l'ambiente lavorativo: i suoi comportamenti a lungo termine saranno visibili e prevedibili come nelle situazioni stressanti o minacciose, il comportamento creativo, innovativo ed esplorativo potrà essere inibito in favore della staticità; in condizioni ottimali di attaccamento, invece, il suo comportamento potrà risultare attivo e creativo ed in favore della produttività.

La conoscenza emotiva e comportamentale dei sistemi di attaccamento del coordinatore e del singolo, risulta essere importante affinché riesca ad individuare i punti forza e/o le carenze dovute a caratteristiche di personalità di cui spesso non si è consapevoli. Bisogna tenere conto che il contesto lavorativo in cui si svolge la relazione influenza la medesima a discapito delle caratteristiche individuali della singola persona. La gestione delle risorse umane è molto complessa perché la personalità umana porta in sé complessità, pertanto chiunque voglia ricoprire un ruolo di coordinamento, a qualunque livello, deve saper integrare gli aspetti tecnici con quelli umani.

Il coordinatore da parte sua "leggerà" questo legame in base alle sue esperienze lavorative passate, al suo vissuto personale, alla sua cultura di riferimento, alla sua formazione professionale ed ai suoi schemi di attaccamento e modelli operativi interni che gli consentiranno "di anticipare l'esito delle relazioni successive e di prendere decisioni sui comportamenti più appropriati da utilizzare in particolari situazioni"[69].

In un conflitto, "i comportamenti cooperativi o competitivi che attiviamo in una disputa sono il risultato di risposte comportamentali attivate dal modo in cui interpretiamo la relazione con la controparte: confliggiamo quando vediamo nella controparte un problema, una minaccia, un ostacolo alla soddisfazione dei nostri desideri e ai nostri interessi, mentre siamo più disposti a collaborare quando vediamo nella relazione un potenziale vantaggio"[70]. Essere consapevoli di queste dinamiche ci porta pertanto a capire che è il nostro modo di vedere ed interpretare che costituisce il problema fondamentale, in cui entrano in gioco tutte le componenti soggettive che spesso tendiamo a sottovalutare.

Le competenze relazionali[71] si possono apprendere e possono essere trasferite in qualsiasi contesto della vita quotidiana, e servono per migliorare la qualità della comunicazione all'interno del contesto lavorativo. Alla luce di quanto è stato esposto una volta apprese tali competenze, il coordinatore sarà in grado di vedere il gruppo e riconoscere in esso un potenziale umano che presenta vantaggi e svantaggi in quanto pluralità di persone con professionalità diverse, ma che concorre al rafforzamento di abilità interpersonali, offre un sostegno emotivo reciproco, aiuta a sviluppare

---

[69] Bombelli M.C., Dimensione corporea e comportamento organizzativo, in Sviluppo e organizzazione 1995.
[70] Pappalardo. S., Gli ostacoli che impediscono lo sviluppo delle capacità relazionali. I bias. In I professionisti e la gestione dei conflitti. Un metodo innovativo per integrare
[71] Autieri. E., Management delle risorse umane. Fondamenti professionali, pag 356, Edizioni Angelo Guerini e Associati SpA, Milano 1998.

nuovi modi di relazionarsi e comunicare ed è arricchente per il proprio bagaglio culturale, e si contraddistingue per alcune particolarità[72]: il coordinamento da parte di un leader; un obiettivo comune, l'interdipendenza tra gli individui, la collaborazione fra i componenti dei gruppi, il bisogno di appartenenza. Per quanto riguarda gli svantaggi possono essere riassunti nell'ostilità, nella possibile perdita degli obiettivi, nella dispersione di tempo ed energie.

Anche se il conflitto nelle organizzazioni è una condizione invitabile, la letteratura professionale propone delle indicazioni che contribuiscono alla sua prevenzione, e chi svolge funzioni manageriali dovrebbe tenerle presenti[73]:

- definisce le responsabilità senza ambiguità;

- stabilisce e mantiene una comunicazione aperta, in cui è possibile la critica reciproca;

- uno stile di leadership autorevole ma democratico;

- si sforza di mantenere elevata la motivazione, in cui si adopera a riconoscere e ricompensare;

- quando stabilisce gli obiettivi e gli standard di prestazione ricerca la massima condivisione ed eventualmente si adopera ad aiutare chi ha difficoltà a raggiungerli;

---

[72] Cecchetto. L., Romeo. G., Manuale dell'operatore socio-sanitario. Fondamenti di assistenza alla persona. Maggioli editore S.P.A. Santarcangelo di Romagna, 2015.
[73] Pennini. A., La gestione dei conflitti e la negoziazione in Manuale di management per le professioni sanitarie pag 381-393.

- stimola all'innovazione e all'assunzione dei rischi, se necessario utilizza gli errori come spunti di apprendimento e riflessione;
- monitora e attua le verifiche sulle attività previste.

Per prevenire i conflitti, le capacità comunicative e relazionali sia da parte del coordinatore che del gruppo di lavoro diventano strumenti indispensabili.

8. NEURONI SPECCHIO E LE DINAMICHE RELAZIONALI

I neuroni specchio saranno per la psicologia quello
che il DNA è stato per la biologia.»
(Vilayanur S. Ramachandran)

Alla fine degli anni '80 un gruppo di scienziati italiani guidati da Giacomo Rizzolati, Vittorio Gallese e Leonardo Fogassi, hanno scoperto i neuroni specchio (*mirror neurons*). Questi sono localizzati nella zona fronto-parietale del cervello, si attivano selettivamente sia quando compiamo un'azione, sia quando la osserviamo compiere da altri. Ciò che si evidenzia è che non c'è differenza tra il fatto se fossimo noi a compiere una determinata azione o guardiamo compierla ad altro. I neuroni specchio quindi reagiscono e comprendono il significato di quello stimolo, "l'attivazione dei neuroni specchio è in grado di generare una rappresentazione motoria interna (atto potenziale) dell'atto osservato, dalla quale dipenderebbe la possibilità di apprendere via imitazione"[74]. Si attivano prima di un'elaborazione cognitiva. È una condizione che avviene in modo pre-razionale e pre-verbale in modo naturale in base al meccanismo della reciprocità con l'altro. Gli esseri umani compiono il loro sviluppo attraverso la relazione con gli altri, questo avviene attraverso il meccanismo base

---

[74]Rizzolati. G., So quel che fai. Il cervello che agisce e i neuroni specchi. Sinigaglia Corrado, *Cortina Raffaello*2006

dell'imitazione, pensiamo all'interazione tra madre e bambino dai primi momenti della nascita.

Questi neuroni specchio inizialmente identificati nella zona motoria del cervello sono adesso stati identificati anche nelle zone più profonde, cognitive, del cervello.

Gli esperimenti hanno evidenziato la capacità di comprendere lo stato emozionale dell'altro e di conseguenza di percepire l'intenzionalità dell'altro, ad esempio l'osservare il viso altrui stimola in chi osserva gli stessi centri cerebrali che si attiverebbero se fosse lui stesso ad esperire una reazione emotiva analoga. Alla fine, ciò che è interessante, è che diversi scienziati ritengono che il risultato di queste ricerche conducono sia alla scoperta della base biologica dell'empatia definita come la capacità di "mettersi nei panni dell'altro" ma forniscono anche la spiegazione di come alcuni comportamenti istintivi scatenino conflitti interpersonali mentre altri creano reciprocità positiva e quest'ultima porterebbe a prevenire e gestire i conflitti in modo efficace. Nella pratica significa che una persona con un ruolo di coordinamento deve essere in grado di intercettare questi segnali emotivi e modificare la propria reazione.

CONCLUSIONI

*I leader devono essere abbastanza vicini da relazionarsi con gli altri,
ma abbastanza avanti da motivarli.
(John C. Maxwell)*

L'essere umano è un essere relazionale, ricerca durante tutto l'arco della sua vita la prossimità verso l'altro. Ciascuno di noi trascorre la maggior parte del tempo al lavoro, il quale rappresenta un contesto produttivo ma anche un luogo in cui le persone hanno la possibilità di far emergere le loro capacità, instaurare rapporti significativi, mettersi alla prova, essere creativi e produrre conoscenza. Ognuno interpreta in modo diverso il mondo a seconda delle esperienze maturate, specialmente in età giovanile. Di per sé questo non è negativo, lo diventa nel momento in cui genera distorsioni e pensieri irrazionali difficili da gestire, ossia quando le nostre mappe generano pregiudizi, che si imprimono sulla realtà concreta trasformandola.

Il ruolo rivestito dal coordinatore esprime un complesso di aspettative, e produce doveri e diritti. Un dovere fondamentale è quello propedeutico di sviluppare le proprie abilità relazionali per riuscire a comprendere le interazioni del gruppo di lavoro con più attenzione.

I concetti esposti in questo lavoro, sono stati scelti per favorire un'integrazione di competenze che si possano apprendere:

- la teoria cognitivo-comportamentale agisce in modo attivo su emozioni, pensieri, schemi cognitivi e comportamenti;

- la teoria dell'attaccamento ci indica quale sia lo stile predominante del nostro modo di interagire e ci dà la possibilità di riconoscerlo negli altri, mentre i nostri Modelli Operativi Interni esercitano sul comportamento un'importante influenza;

- la teoria sulla comunicazione ci fornisce la base per una migliore interazione umana, ci aiuta a capire l'importanza della metacomunicazione, dei messaggi subliminali che mandiamo unitamente al nostro livello verbale e che possono essere rafforzativi o depotenzianti. L'incongruenza comunicativa viene percepita e decodificata dalle persone che ci circondano generando distorsioni ed alterazioni nello scambio dei messaggi interpersonali. Le ricerche sulla comunicazione hanno portato alla luce tutte le difficoltà del comunicare correttamente.

Nel gruppo di lavoro ci possiamo trovare davanti ad un collaboratore che esprime con aggressività le sue idee magari con attacchi verbali continui indirizzati al coordinatore o al resto del gruppo, oppure possiamo avere davanti un collaboratore passivo che non riesce mai ad esprimere le sue opinioni per paura di esser giudicato inadeguato. Sono tante le modalità che possono essere messe in atto in quanto caratterizzano la diversità tra persone.

- I neuroni specchio nell'interazione umana sono stati una scoperta di notevole importanza, la capacità di comprendere lo stato emozionale dell'altro e di conseguenza di percepirne l'intenzionalità porterebbe aiutare a prevenire e gestire i conflitti in modo più efficace;

- le differenze genere sono importanti per l'equilibrio del gruppo di lavoro, dalle ricerche emerge una diversità nel relazionarsi, uomini e donne utilizzano i processi comunicativi in maniera molto diversa, le donne si concentrano maggiormente sulla relazione ed utilizzano più la comunicazione non verbale e le emozioni, gli uomini al contrario si concentrano più sul risultato e sono più riservati nel mostrare le loro emozioni, mantengono più compostezza nelle manifestazioni d'affetto. Di fronte a situazioni stressanti l'uomo si chiude, la donna cerca aiuto. Nel gruppo di lavoro la prevalenza degli uni o degli altri, proprio per queste caratteristiche, potrebbe fare la differenza;

- l'intelligenza emotiva è considerata uno dei principali fattori predittivi nel buon andamento dei rapporti umani nel contesto lavorativo.

Quando si apprendono queste abilità cambia la prospettiva nel vedere il conflitto, spesso ridotto ad un paradigma dualistico generatore di ostilità. Ma lo stesso conflitto può essere letto come una base di opportunità di crescita in cui noi abbiamo l'occasione per indagare le nostre modalità di interazione. Così facendo, possiamo attuare una gestione costruttiva del conflitto in cui le competenze relazionali ne diventano la leva. Viviamo in un contesto storico altamente competitivo, in cui le persone hanno sviluppato più l'intelligenza razionale rispetto a quella emotiva, ma è quest'ultima che incide positivamente nelle nostre relazioni interpersonali.

La capacità di risolvere i conflitti è una competenza manageriale, e chi si prepara ad assumere un ruolo di coordinamento non può prescindere da questa dote; se *management* vuoi dire avere il controllo di qualcosa[75], questo qualcosa sono persone e, come tali, bisogna dare loro il giusto spazio ed il giusto valore.

La teoria del caos, ci offre una metafora da cui possiamo trarre spunto: "il battito delle ali di una farfalla in Brasile, può provocare una tromba d'aria nel Texas?", piccole azioni possono contribuire a generare grandi cambiamenti (E. Lorenz 1972). Si apre, a mio parere, una prospettiva ottimistica, ove anche il minimo cambiamento può determinare una storia del tutto diversa. Piccole variazioni nelle condizioni iniziali (una maggiore comprensione delle dinamiche individuali del gruppo di lavoro) possono produrre

---

[75] Shein. E.H., *Culture d'impresa come affrontare con successo le transazioni e i cambiamenti organizzativi*, pag 4, Raffaello Cortina Editore Prima edizione: 2000

grandi variazioni nel comportamento a lungo termine di un sistema umano.

In conclusione, le competenze tecniche sono necessarie per gestire un'unità organizzativa ma senza una buona relazione, in cui le dinamiche di prevaricazione siano contenute, non si verrebbe assolutamente a creare quel clima ideale che può motivare i singoli alla crescita personale e lavorativa.

Come recita un noto proverbio sardo, *chentu concas chentu berritas*, ossia cento teste cento modi di vedere le cose, anche la saggezza popolare aveva già evidenziato come le differenze individuali possano essere un ostacolo ma, se ben gestite, divenire una ricchezza.

BIBLIOGRAFIA

Albisetti V., Terapia dell'amore coniugale, Paoline, Milano, 1994.

Ainsworth, M., Blehar, M., Waters, E., & Wall, Patterns of Attachment. Hillsdale, NJ: Erlbaum 1978.

Autieri. E., Management delle risorse umane. Fondamenti professionali, Edizioni Angelo Guerini e Associati SpA, Milano 1998.

Bateson, G., Mente e Natura, Adelphi, Milano 1984.

Beck. A.T., Principi di terapia cognitiva. Un approccio nuovo alla cura dei disturbi affettivi. Casa Editrice Astrolabio. Roma 1994.

Bitti, P.E. e Cortesi, S., Comportamento non verbale e comunicazione, Il Mulino, Bologna, 1977.

Bowlby J. Una base sicura- applicazioni cliniche della teoria dell'attaccamento, Raffaello Cortina Editore, Milano 1996.

Bombelli. M.C., Dimensione corporea e comportamento organizzativo. In Sviluppo e organizzazione, 1995.

Canestrari. R., Psicologia generale e dello sviluppo. Pag 470 Cooperativa Libraria Universitaria Editrice, Bologna 1984.

Cassibba. R., Legami di attaccamento nell'infanzia e nell'età adulta. In Psicologia della religione e teoria dell'attaccamento. A cura di Rossi. G., Aletti. M., ARACNE ed. Roma 2009.

Cassidy. C., La natura dei legami del bambino in Manuale dell'attaccamento, pag 7. Giovanni Fioriti Editore s.r.l. Roma 2010.

Castello. A., su https://www.psicologiadellavoro.org/la-teoria-dell-attaccamento-nel-rapporto-tra-risorse-umane-ed-organizzazione/

Cecchetto. L., Romeo. G., Manuale dell'operatore socio-sanitario. Fondamenti di assistenza alla persona. Maggioli editore S.P.A. Santarcangelo di Romagna, 2015.

Cena, L., Imbasciati, A., e Baldoni, F., La relazione genitore-bambino. Dalla psicoanalisi infantile alle nuove prospettive evoluzionistiche dell'attaccamento, Milano 2010.

Côté. S., Enhancing managerial effectiveness via four core facets of emotional intelligence, Organ Dyn 2017

Cimatti. F., Cimatti, Nei neuroni-specchio il riflesso sociale della natura umana, da Il Manifesto del 22 giugno 2005.

Cook, M. (1970) "Experiments on orientation and proxemics", in "Human relations", XXIII, pp. 261-
Côté. S., Enhancing managerial effectiveness via four core facets of emotional intelligence, Organ Dyn 2017. 276 in Ricci-Bitti, P.E. e Cortesi, S. (1977), "

Dobson K.S., Psicoterapia cognitivo- comportamentale. Teorie, trattamenti, efficacia: lo stato dell'arte., Ed. it. The McGraw-hill Company srl Milano 2002

Donley, M., Le teorie dell'attaccamento e l'unità emozionale, Terapia familiare N° 42, Luglio 1993.

Ege, H., Oltre il Mobbing. Straining, Stalking e altre forme di conflittualità sul posto di lavoro, Milano 2005.

Farina B., Liotti G., La svolta relazionale in psicoterapia cognitiva: origini e prospettive della psicoterapia cognitivo-evoluzionista. Quaderni di psicoterapia cognitiva, 11-34, 10.3280/QPC2018-042002, 2018.

Gabassi. P., Psicologia del lavoro nelle organizzazioni, Franco Angeli, Milano 2007.

Giusinu. D., L'attaccamento al luogo di lavoro, in www.academia.edu.

Gaggioli, A., Dall'interazione alle tecnologie sociali, inbook 2012, pag. 321.

Gray. J., Gli uomini vengono da Marte e le donne da Venere. Sonzogno, Milano, 1992.

Goleman. D., Intelligenza emotiva. Che cos'è perché può renderci felici. R.C.S Libri S.P.A. Milano, 1997

Goleman., D., Intelligenza emotiva per un figlio. Ar.ac.as. Libri S.P.A Milano 1997

Hall, E.T. (1959) The silent language, tr. it. Il linguaggio silenzioso, Bompiani, Milano,1969.

Hamilton D.L., Sherman J.W. (1994), "Stereotypes", in Wyer J.R.S., Skrull T.K. (a cura di), *Handbook of social cognition*, Erlbaum, Hillsdale (NJ), II ed., pp. 1-68.

Hardy, G. E., & Barkham, M. (1994). The relationship between interpersonal attachment styles and work difficulties. *Human Relations, 47*(3), 263–281.

Hazan, C., & Shaver, P. R. (1990). Love and work: An attachment-theoretical perspective. *Journal of Personality and Social Psychology, 59*(2), 270–280.

Heard. D., McCluskey. U., Lake. B., Attachment Therapy with Adolescents and Adults: Theory and Practice Post Bowlby. Taylor & Francis Ltd, 2012.

Hinde, R. A. Le basi biologiche del comportamento sociale umano, Zanichelli, Bologna. 1979.

Holmes, J., John Bowlby & Attachment Theory, Londra 1993.

Labraque LJ[1], Al Hamdan Z[2], McEnroe-Petitte DM[3]. An integrative review on conflict management styles among nursing professionals: implications for nursing management. Nurs Manag. 2018 Nov;26(8):902-917. doi: 10.1111/jonm.12626. Epub 2018 Aug 28.

Lazzari. L., Il manuale del team builder Franco Angeli ed. 2010.

Lewin. K., I conflitti sociali: saggi di dinamica di gruppo (1948), tr. it., Angeli, Milano 1976.

Liotti G., Farina B. Sviluppi Traumatici. Eziopatogenesi, clinica e terapia della dimensione dissociativa. Raffaello Cortina Editore. Anno 2011.

Lorenz, K., L'Anello Di Re Salomone, Monaco 1949.

Loriedo, C., e Picardi, A., Dalla teoria generale dei sistemi alla teoria dell'attaccamento. Percorsi e modelli della psicoterapia sistemico-relazionale, Milano 2000.

Maddux Robert B., "Team Building: An exercise in Leadership" Kogan Page 1999.

Main M., Hesse E. Attaccamento disorganizzato/disorientato nell'infanzia e stati mentali alterati nei genitori. In: Ammaniti M. e Stern D. (eds), Attaccamento e psicoanalisi. Editore La Terza. Anno 1992.

Main, M., Studi interculturali sull'organizzazione dell'attaccamento: studi recenti, metodologie mutevoli e concetto di strategie condizionali. Sviluppo umano, 33, 48-61 . 1990.

Malatesta. G., Gulver. G., Tesman. J.B.Haviland. J., Leaming dispay rules The socialization on emotion expression during the first two years of life. Monographs of the society for in Child Development, 54 (1-2, No.219. 1992 Cit

Maldonato, M., Psicologia della comunicazione. Cibernetica, fenomenologia e complessità, Esselibri S.P.A. Napoli 2002.

Mambriani. S., La comunicazione nelle relazioni di aiuto., Pag 16, Cittadella Editrice, Assisi 1992.

Messana. C., Comunicazione interpersonale, in Franco LEVER - Pier Cesare Rivoltella - Adriano Zanacchi (edd.), La comunicazione. Dizionario di scienze e tecniche, in www.lacomunicazione.it (13/04/2020).

Mikulincer, M., & Shaver, P. R. (2007). Attachment in adulthood: Structure, dynamics, and change. Guilford Press.

Monge Roffarello A. - Parola A. Dispense sulla CNV Il comportamento spaziale, pag 18

Morcellini. M., e Fatelli. G., Le scienze della comunicazione. Modelli e percorsi disciplinari, Carocci ed. Giu 1994.

Mucchielli, R., Psicologia della vita coniugale, Città Nuova Editrice, Roma, 1993.

Pappalardo. S., Gli ostacoli che impediscono lo sviluppo delle capacità relazionali. I bias. In I professionisti e la gestione dei conflitti. Un metodo innovativo per integrare

Pareto. V., Trattato di sociologia generale, Nabu Press 2010.

Pennini. A., La gestione dei conflitti e la negoziazione. in Manuale di management per le professioni sanitarie. McGraw-Hill Edication S.r.l pag 381-382. Milano 2015.

Poetto Roberto, Manuale di sviluppo organizzativo per la gestione del personale. Giuffrè ed. ott 2013.

Quaglino. G.P., Ghislieri. C., Avere leadership: Raffaello Cortina Editore, 2004.

Rezvani. A., Chang A., Wiewiora. A., M. Ashkanasy. N M., Jordan P.J., Zolin. R., 2016)[1] Manager emotional and project success: The mediating role of job satisfaction and trust. International Journal of Project Management 34 (2016) 1212-1122.

Rizzolati. G., So quel che fai. Il cervello che agisce e i neuroni specchi. Sinigaglia Corrado, Cortina Raffaello, 2006.

Schein Edgar H. "La consulenza di processo. Come costruire le relazioni d'aiuto e promuovere lo sviluppo organizzativo" Raffaello Cortina ed. ott 2001.

Shein. E.H., Culture d'impresa come affrontare con successo le transazioni e i cambiamenti organizzativi, pag 4, Raffaello Cortina Editore Prima edizione: 2000.

Steinem. G., My Life on the Road. New York: Random House, 1992.

Stern D. The Interpersonal World of the Infant: A View from Psychoanalysis and Development. Basic Books. Anno 1985.

Tajfel H., Forgas J. P. (1981), "Social categorization: cognition, values and groups", in Forgas J P. (a cura di), *Social cognition*, Academic Press, London, trad. it., "La categorizzazione sociale: cognizioni, valori, sviluppi" in Ugazio V. (a cura di), *La costruzione della conoscenza: un approccio europeo alla cognizione sociale*, 1988, Milano, Angeli, p. 346.

Tannen. D., You just dont'understand. Virago Press. London. 1992.

Taurino, A., Psicologia della differenza di genere. Carocci Editore, 2005 Roma.

Tuckman Dannis et al. "Learning and motivation strategy..." Prentice Hall Definizione di J. Adair, cit. L. Lazzari "Il manuale del team builder".

Watzlawick P., Beavin J H., Jackson D D., La pragmatica della comunicazione umana, pag 7, Casa Ed. - Astrolabio- Ubaldini editore, Roma 1971

Watson, O., Il comportamento prossemico", Bompiani, Milano1972.

SITOGRAFIA

Albanese, F., L'attaccamento nella relazione psicoterapeutica con adulti, su www.psicoterapia.it, maggio 2012

Biasci. A., su
https://www.crescitapersonale.it/articoli/competenze/atteggiamento/muo-vere-team-con-intelligenza-emotiva.html

Bisogni emozioni valori e convinzioni: -i-motori-della-nostra-vita.in www.nocom.it

Castello. A., su https://www.psicologiadellavoro.org/la-teoria-dell-attaccamento-nel-rapporto-tra-risorse-umane-ed-organizzazione/

Di Rosa. L., Il conflitto psicologico, su www.guidapsicologi.i 2015.

Il lavoro d'èquipe: collaborazione e gestione del conflitto, su http://www.associazioneprofeta.it/doc-umenti/allegati/pw1.pdf

Mazur.A., Pisarski. A., Chang. A., Ashkanasy N.M. cit. in Gestire un team tramite l'intelligenza emotiva. Rigonat. S., su https://lab-ncs.com/articoli/gestire-un-team-tramite-intelligenza-emotiva/

Consigliere. S., in http://stefaniaconsigliere.it/articoli/040_2004_prossemica1.pdf

Ferrari. A., su https://www.afcformazione.it/blog/i-5-strumenti-segreti-della-comunicazione-efficace/

Liguori. L., La teoria dell'attaccamento nel rapporto tra risorse umane ed organizzazione, in www.psicologiadellavoro.org, 2012

Malatesta, C. Z., Haviland, J. M.. Learning display rules: The socialization of emotion expression in infancy. *Child Development, 53*(4), 991–1003. 1982. Su https://doi.org/10.2307/1129139

Vitale. I., su https://www.igorvitale.org/la-teoria-dellattaccamento-in-azienda/

https://ildizionariodipsicologia.net/assiomi-della-comunicazione-watzlawick/

https://www.unipa.it/archivio-intranet/.content/documenti/Dispensa_PRIVITERA.pdf

https://lamenteemeravigliosa.it/conflitti-sul-lavoro-comuni/

http://www.avulss.org/convegni/2012convegniinterregionali/Gallipoli/GallipoliBenvenga.pdf

https://www.psyjob.it/teoria-attaccamento-applicata-alle-organizzazioni.htm

http://dspace.unive.it/bitstream/handle/10579/10882/833110-1201279.pdf?sequence=2

https://www.stateofmind.it/2018/07/distorsioni-cognitive/

https://www.researchgate.net/publication/250853303_Dall'interazione_alle_tecnologie_sociali

www.ingramcontent.com/pod-product-compliance
Lightning Source LLC
Chambersburg PA
CBHW061725250726
48657CB00002B/781